Dire merci et bien plus que ça

Copyright © 2019 par **Ralph Mosgrove**

Numéro de contrôle ISBN: 978-1-77419-005-0

Tous les droits sont réservés. Aucune partie de ce livre ne peut être reproduite ou transmise sous quelque forme ou par quelque moyen que ce soit, électronique ou mécanique, y compris la photocopie, enregistrement, ou par tout système de stockage et de récupération des informations, sans autorisation écrite du détenteur des droits d'auteur.

Imprimer les informations sont disponibles sur la dernière page.

Dépôt légal : 06/09/2019

Pour commander des exemplaires supplémentaires de ce livre, contactez:

Maple Leaf Publishing Inc.
3rd Floor 4915 54 Street Red Deer, Alberta T4N 2G7, Canada
1-(403)-356-0255

Traduction de l'Anglais par **Frédéric Bar**

Couverture : **Frédéric Bar**

Photo de couverture: **Shutterstock Images**

Maquette : **Frédéric Bar**

CRITIQUES

Dans un livre aussi concis que «merci», l'auteur Ralph Mosgrove renforce le pouvoir de la simplicité... Dans le trésor de son livre, Mosgrove demandera aux lecteurs de repenser leurs manières et ce que signifie être gentil.
Lianna Brizio, lectrice indépendante

Les arguments sont convaincants; le livre incitera les lecteurs à faire un signe de tête en constatant que nos pensées ont un impact sur notre qualité de vie et exprimer notre gratitude contribue à rendre le monde meilleur. Jeremiah Rood,
Revue Clarion

Le style affable de l'auteur ajoute une touche de charme au livre et ses anecdotes réelles d'attention et d'appréciation en action montrent bien comment les lecteurs peuvent intégrer de tels gestes dans leur vie.
Kirkus Avis

Dire merci et bien plus que ça est le titre parfait de ce livre.
La simplicité et les valeurs sont écrites... en fait un gagnant.
Client Amazon

Ralph a une formule qui n'est pas sorcier et qui peut être perfectionnée au quotidien... Faire quelque chose de gentil pour quelqu'un peut vous faire sortir de votre zone de confort et vous faire sentir bien dans votre peau.
Client Amazon

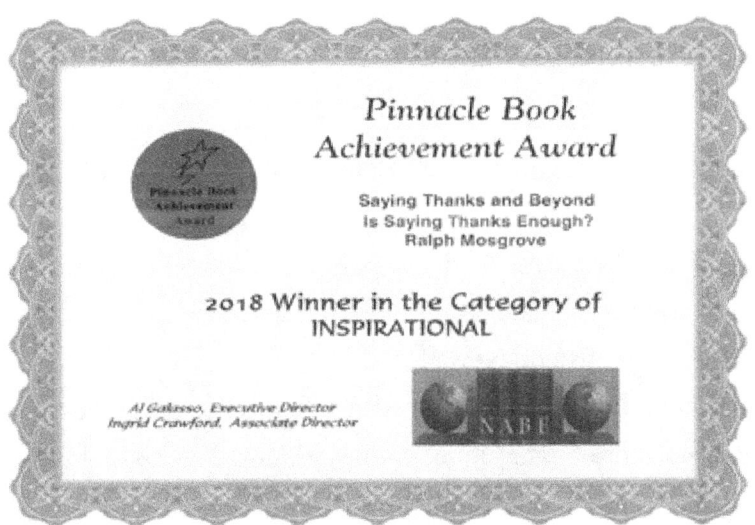

Prix NABE

Signature du livre a la Nouvelle-Orléans

Biographie de l'auteur

Ralph Mosgrove, veuf en 2015, après 60 ans de mariage, est l'auteur de «Dire merci et bien plus que ça, Dire merci, est-ce suffisant?» Page Turner Press and Media, a publié plusieurs poèmes. Ralph a pris sa retraite après une carrière de 26 ans dans la marine, il a passé 25 ans avec l'église du Nazaréen.

A servi treize ans en tant qu'organisateur, chef de chœur pour le culte protestant et catholique à la base MacDill AFB, à Tampa. En tant qu'éducateur, administrateur, conseiller, recruteur et musicien, il reste actif dans les programmes communautaires. Il prêche, fournit de la musique dans les maisons de retraite, les centres de vie et assiste les retraités. Il effectue des concerts de piano et d'orgue. Bénévole auprès de l'Armée du Salut en tant qu'organisateur du culte et participation au leadership de trois programmes du groupe Sr. Sert et vice-président du projet Lealman. Un programme de logement de transition pour les hommes, jusqu'à ce qu'ils puissent se réinsérer dans la communauté. Il fournit des services de conseil en matière d'emploi, de transport, d'aide financière, de formation biblique et de référence en matière de logement. Ralph est titulaire d'un baccalauréat en études indépendantes du Columbia Collège et a été honoré d'un doctorat en théologie, de l'United Theological Bible School et du Séminaire. Il a un fils, Reed (épouse Lisa) et deux petits-fils, Ryan (épouse Naeemah, arrière-petite-fille Emery) et Kyle. Il réside à Saint-Pétersbourg, en Floride.

REMERCIEMENTS

Tant de familles, d'amis et de connaissances ont contribué à la raison pour laquelle ce livre a été écrit. Mon bon ami, **Timothy F. Wentworth**, qui a d'abord édité mon manuscrit; son fils **Reed** et sa femme **Lisa**; ses petits-fils, **Ryan** et **Kyle**, qui ont soutenu l'écriture; et ceux qui se démarquent en contribuant à rendre cette histoire vivante. Des amies comme **Sr Dolores O'Brien, Barbara Lightfoot Tobey, Steve Santa-Cruz**; de **Christian Women's Connection, Clearwater, Floride, Stonecroft Ministries, Janet Hall, Meredith Lamb, Muriel Ice** et **Ann Aderholdt**; de l'Armée du Salut, le major **Georgia Henderson** et **Lena Gatto**; le département de musique de la chapelle **MacDill AFB, Tampa, Floride, le p. Juan Diphe** et des chorales qui ont offert gentillesse et esprit généreux à feu **Eileen Lightfoot, Freda Lau** et la révérende **Doris Parker** À chacun d'entre eux et à beaucoup d'autres, je dis merci.

DÉDICACE

Ce livre est dédié à la mémoire de ma femme, la révérende **Elsie Louise (Meyer) Mosgrove**, dont la vie est synonyme de remerciement et bien plus que ça.

Table des matières

Introduction..6-7-8

L'effet d'ondulation:
Comment avez-vous observé cet effet?....................9-10

Parlez haut:
Voyez quels avantages viennent à vous
Lorsque vous parlez...11-12-13
C'est mieux de donner que de recevoir..................14-15

Adapté à son but:
Un appel à faire un choix délibéré........................16-17-18

Mains et pieds:
Quelle réponse obtenez-vous de
Votre langage corporel?...19-20

Effets secondaires:
Caractéristiques qui se complètent
Les uns les autres..21-22
Actes de bonté...23-24
Gagner avec gentillesse..25-26-27

La gentillesse:
La langue que les sourds peuvent entendre
Et l'aveugle peut voir..28-29
Façons uniques d'exprimer la gentillesse.................30-31
La règle d'or..32-33

INTRODUCTION

Ce livre est né des expériences traumatiques de deux personnes âgées qui se sont aimées pendant plus de soixante ans de mariage. La tragédie que nous avons rencontrée nous a amenés à reconsidérer les paroles que nous avons si souvent dites à la foule de gens généreux rencontrés au cours de notre voyage.
«Merci». Ici, nous relayons les moyens d'aller au-delà de ces deux mots. Les ouvriers et les femmes qui travaillent dans une société de haute technologie avec une culture peu touchée et de jeunes adultes qui façonnent leur mode de vie pour eux-mêmes trouveront des moyens d'éclairer la vie des autres, en les encourageant à partager activement une vie qui procure une satisfaction intérieure mais qui en provoque d'autres.
Vouloir aller au-delà aussi. Vous trouverez des anecdotes sur le chemin pour ouvrir votre esprit à de nouvelles possibilités. Vous découvrirez des moyens d'incorporer des idées dans les habitudes quotidiennes auxquelles vous n'aviez jamais pensé auparavant.

Ma défunte épouse, Elsie, est devenue invalide lorsqu'elle a subi une chute importante à l'âge de soixante-dix-sept ans. Elle s'est fracturé la hanche droite, qui a été réparée avec une arthroplastie partielle de la hanche et a subi deux fractures de compression de la vertèbre à T12 et à L1.
La vertébroplastie a été utilisée pour renforcer les os et la stabiliser afin qu'elle puisse se déplacer avec une marchette. Cette chute a tout changé pour nous deux au cours des huit prochaines années, jusqu'à sa mort. Après avoir essayé plusieurs modèles de déambulateurs (des curseurs en aluminium aux modèles à trois roues et à la forme triangulaire), elle s'est installée sur un déambulateur à quatre roues doté d'un siège. Elle était incapable de manipuler aucune d'elles par elle-même et, même si elle pouvait toujours conduire, il fallait que quelqu'un soit avec elle pour charger et décharger le déambulateur de la voiture.

Ce fut une interruption brutale de nos vies engagées. Bien que nous soyons tous les deux retraités de notre carrière, en tant que travailleuse sociale et moi-même en tant que pasteur, nous avons recherché d'autres moyens de rester productifs et engagés. Elle a pris part à la direction des ministères des femmes chrétiennes, a travaillé comme réceptionniste le week-end au centre d'aide à la vie autonome Bon Secours et a participé à des programmes pour cadres dans les églises locales. J'étais organiste et chef de chœur pour la chapelle MacDill AFB à Tampa, en Floride, pour le culte protestant et catholique. Le traumatisme nous a touchés à chaque fois que nos vies ont cessé, et nous avons essayé de mettre au point les ajustements nécessaires à son bien-être.

Chaque fois que nous nous dirigions vers la porte d'un magasin local, que nous achetions ou que nous marchions au centre commercial, nous rencontrions quelqu'un qui s'approchait de la porte en même temps. La personne prend son temps pour l'ouvrir et lui permet d'entrer en premier. J'étais là, prêt à ouvrir la porte, mais l'autre personne voulait faire quelque chose pour une personne handicapée et se donnait librement pour nous. Ce n'était pas nécessaire et certainement inattendu, mais nous avons souvent commenté la courtoisie. Mais comment dites-vous plus que: «Merci?» Huit ans après sa chute, Elsie est décédée en avril 2015 à l'âge de quatre-vingt-trois ans. J'ai eu le temps de réfléchir aux moyens de dire merci et bien plus que ça, ce qui a conduit à l'écriture de ce livre. Ici, j'explore des moyens de reconnaître les personnes qui ont fait preuve de gentillesse, de générosité, de patience et d'abnégation. Vous savez qui vous êtes et vous devriez être honoré pour vos actions. Je crois que quiconque lira ce livre sera inspiré pour faire ces bonnes actions et promouvoir un tel caractère chez d'autres qui n'y ont jamais pensé. Des copies de ce livre peuvent devenir un cadeau à distribuer lorsque vous souhaitez remercier un ami, un associé, un orateur de votre club social, pour une journée spéciale à l'église, comme la fête des pères ou la fête des mères, la célébration. Voici un moyen de répondre à la question: «C'est assez de dire merci?». Ce livre vous emmène au-delà de ces mots: «Merci».

Ce livre vous emmène au-delà de ces mots: «Merci». Et ce qui aurait pu être une journée de routine devient une journée remplie de joie et de satisfaction. La gratitude engendre la gratitude. Ce que vous ressentez est exprimé à travers vos mots qui, à leur tour, attirent des expériences plus heureuses. Votre moi intérieur s'étend à des niveaux d'échange plus élevés avec ceux qui vous entourent. En tant qu'être humain, vous atteignez votre potentiel et votre croissance en acceptant le cadeau et en répondant par «Merci». Une partie du dépassement consiste à transmettre grâce et gentillesse aux personnes que vous remerciez, en les rendant heureux d'avoir pris le temps d'être aimables. Ils sont inspirés pour le faire à nouveau, et vous l'avez encouragé par «Merci».

L'EFFET D'ONDULATION :
COMMENT AVEZ-VOUS OBSERVÉ CET EFFET ?

Lorsque vous jetez une pierre dans un étang, l'impact produit des ondulations circulaires aux confins des limites de l'eau et revient au point de contact. Ils nous disent que la même chose est vraie de notre cerveau. Nous émettons des ondes cérébrales qui ondulent dans l'espace et mesurées à l'aide d'instruments permettant de détecter si nous sommes en vie. Dès mon plus jeune âge, j'ai utilisé les mots «merci» comme ma mère me l'a appris. Sans pensée consciente, une série de rides a commencé à se former, transmettant mon message à ceux qui m'entourent. J'ai porté cette phrase à l'âge adulte. La vibration déclenchée par le mot prononcé provoque la même réaction, quels que soient les mots. Nos mots ont le pouvoir d'apporter la vie ou la mort. Lorsque j'utilise des mots qui suscitent des sentiments positifs, cela signifie que je suis sur la bonne voie. La même chose est vraie des déclarations négatives. Utiliser des mots qui font ressortir des sentiments négatifs signifie que je suis sur la mauvaise voie. Quand je dis «merci», c'est une expression qui parle à quelqu'un qui s'entent lui-même pour m'aider tout au long de mon voyage. Ils absorbent les rides comme s'ils étaient absorbés et pénétrés de bons sentiments. Je pensais à dette phrase simple, utilisée si rapidement et souvent sans véritable signification. Dire merci, c'est l'occasion de dire à quelqu'un combien vous avez vraiment apprécié son geste généreux et amical. En tant que destinataire d'un remerciement, vous savez comment vous vous sentez. C'est la raison pour laquelle vous le transmettez, impactant une personne que vous ne reverrez peut-être jamais. Il y a plusieurs façons de dire «Merci», et la plupart d'entre nous avons peu réfléchi à la manière de le faire. Certains le font sonner comme une déclaration militaire. Nettes et précises. Quand une jeune femme reçoit une bague de fiançailles, vous pouvez être sûr qu'elle est émotive et pleine de sentiments.

Joyeuse, excitée et exubérante. Son cœur est plein d'amour et de gratitude pour l'homme qui l'a mise à part. Elle a parlé pour. Cela fait sourire un jeune homme. Ou que dire de l'enfant qui reçoit ce cadeau spécial de Noël commandé au Père Noël, avec des hurlements et des cris de «Merci, merci, merci», entendu tout au long de la maison à deux étages. Après des années d'utilisation de l'expression, il me semble que certaines occasions appellent une réponse plus sincère, en particulier lorsque vous vous approchez d'une porte lorsque vous êtes désavantagé, handicapé avec les bras pleins ou avec de jeunes enfants à surveiller. C'est comme recevoir un cadeau d'amitié, un sourire ou un mot d'encouragement. Ils disent: «Laissez-moi vous ouvrir cette porte.» Ils restent patiemment comme une sentinelle silencieuse, transmettant le cadeau qu'ils ont reçu plus tôt, laissant les effets d'entraînement le faire avancer. Parfois, vous rencontrez quelqu'un qui n'est pas aussi compatissant ou qui comprend votre dilemme et qui s'empresse de franchir le pas pour qu'il vous échappe. Il n'y a aucun moyen de savoir pourquoi la réponse est si faible, mais vous conservez la bonne attitude, même si le comportement semble être centré sur vous-même. Lorsque vous ressentez une impulsion négative envers cette personne, vous en venez à un choix dans votre processus de pensée. Ce que vous pensez d'une personne peut déterminer vos sentiments. Si vous répondez négativement, réfléchissez, il doit avoir eu une mauvaise expérience puisqu'il ne s'est pas rendu compte que je pourrais avoir besoin de son aide. Votre attitude prend forme et vous combattez la négativité car elle ne fait que nuire à votre identité. Au lieu de cela, vous conservez la bonne attitude et vous vous rendez compte que la personne peut être distraite à cause d'une crise personnelle et manquer de peu l'occasion de montrer un moment de gentillesse.

PARLER:
CONSULTEZ LES AVANTAGES QUI VOUS APPARTIENNENT QUAND VOUS PARLEZ.

Vous pourriez demander si ce souci de gratitude est nécessaire. Je peux vous assurer que c'est le cas! Comment la personne qui offre de l'aide peut-elle savoir à quel point vous appréciez ce qu'elle a fait pour vous si vous ne parlez pas avec des paroles d'affirmation? Il y a plusieurs raisons pour dire cela. Laissez-moi vous donner quelques détails sur pourquoi. Parler, donner son assentiment verbal, fournit des réponses actives à ce que vous dites. Vos mots ont le pouvoir de soulever quelqu'un ou, malheureusement, de rabaisser quelqu'un. Vous vous souvenez de ce que vous avez ressenti lorsque le patron n'a pas félicité le chef après avoir déployé des efforts supplémentaires et que vous êtes resté en retard pour terminer un travail? Il n'y a pas eu de réponse favorable à votre contribution. Vous avez fait une remarque mentale en vous demandant si vous étiez aussi disposé à louer les autres que vous vous attendiez à ce qu'ils soient avec vous. Il y a un temps pour le silence et un temps pour parler. Dire merci crée une réaction positive dans l'esprit de la personne à qui on parle. Parler de mots d'encouragement génère ce qui vous revient. Vous êtes l'aimant qui attire la réponse de gentillesse.

On raconte l'histoire d'un petit garçon qui jouait dans un pré entouré d'une épaisse forêt. Il était seul et a appelé à ce que quiconque vienne le rejoindre dans sa pièce. À sa grande surprise, il entendit une voix renvoyer son appel dans les bois. Curieux, il a appelé, «Bonjour, est-ce que quelqu'un est là?» Et le bois a répondu avec ses propres mots. Il a répété l'appel avec différentes phrases, telles que «Qui es-tu?» Ou «Viens jouer avec moi». Chaque fois, il obtenait une réponse utilisant la même phrase. Bouleversé, il rentra chez lui et raconta à sa mère, le garçon dans les bois, se moquant de lui. La mère a expliqué qu'il entendait sa propre voix. «Votre voix résonne des arbres et vous revient.» Tout ce que vous envoyez, vous revient de la même manière.

Si vous envoyez des paroles de colère ou des commentaires mesquins, ils reviendront exactement comme vous les avez envoyés. C'est pourquoi il est important de dire «Merci» chaque fois que vous le pouvez; il sera retourné. C'est une boucle qui vous entoure et qui revient toujours sous la forme dans laquelle elle a été exprimée.

J'ai vu un jeune couple dans l'épicerie faire leur tournée en allant dans la direction opposée à celle de la plupart des acheteurs. En fin de compte, ils ont rencontré une vieille femme utilisant une marchette. À plus d'une occasion, il y a eu une confrontation pour le même espace. Ils se frayèrent un chemin, tendant la main vers la personne âgée et émettant des sons contrariés, comme si ils disaient: «Vous êtes sur le chemin!» trouver quelque chose.» Lorsque vous recevez un acte de gentillesse, vous avez envie de dire merci et de chercher des occasions de faire preuve de la même courtoisie envers quelqu'un d'autre.

Il y a aussi d'autres façons de dire merci. Envoyez une note manuscrite à l'hôtesse qui vous a invité à prendre un café ou à quelqu'un qui a fait quelque chose de gentil pour vous. Voilà une idée nouvelle! Vous pourriez même aller jusqu'à offrir un petit cadeau de remerciement en apportant des livres usagés aux enfants du voisin lors d'un dîner à côté.

J'ai déterminé que le fait de dire «merci» était souvent une réponse oisive à la préoccupation ou au désir d'aider de quelqu'un. Il existe un moyen de donner une réponse qui montre votre appréciation des actes de bonté, dépassant ce à quoi les autres s'attendent. Par exemple, si nous devions ajouter des phrases telles que «C'était une aide précieuse» ou «Vous m'avez certainement facilité la tâche». Lorsque vous dites à quelqu'un: «Vous avez fait de mon mieux» bien de vous aider et repart avec un sourire ou un sentiment de satisfaction. Nous avons tous un arsenal de commentaires que nous pourrions utiliser pour exprimer notre gratitude aux personnes qui ont tendu la main. Essayez de leur dire à quel point vous aviez besoin de leur aide, par exemple «Je n'aurais pas pu y arriver sans toi» ou «Un jour, cela vous reviendra»

Je voudrais aller encore plus loin en présentant d'autres traits de gentillesse, de bonté, de patience, de fidélité, de douceur, de maîtrise de soi et même d'amour, de joie et de paix. Qu'est-ce que vous obtiendrez si vous étudiez ces mots, les analysiez et les appliquiez à votre routine quotidienne? La pratique deviendrait-elle une extension des mots «Merci»? Ce serait peut-être le moyen de faire passer l'acte de grâce que vous avez reçu. La personne qui était gentille ne saurait pas ce que vous avez fait, mais les récompenses lui reviennent d'autres voies sous forme d'écho. Ce serait génial!

Regardons le mot «gentillesse». Une recherche large de ce mot du grec ancien inclut «excellent», «utile», «adapté à son but», «décent» et «honnête» comme définition . Rien dans cette interprétation ne peut être transmis. En fait, il est évident que la personne qui exécute la bonté est motivée par un sens profond de ce qui est décent et bon. Lorsque je dis «Merci» avec cette attitude, je suis inspiré pour en faire un acte de gentillesse, qui sera prolongé dans le futur.

La gentillesse n'est pas toujours reçue de la même manière par tout le monde. Lorsque des documents sont distribués à des gens moins fortunés que vous, cela peut être une source de fierté pour un donateur qui veut être perçu comme une personne bienveillante. Cela peut aussi permettre à quelqu'un d'être paresseux. De telles personnes peuvent penser que leurs ressources sont limitées et qu'elles ne sont pas capables de gérer la vie comme le font les autres. Ils perdent leur motivation. Lorsque le destinataire présente un signe d'ingratitude certain, vous savez que la personne pense avant tout à elle-même et non à ceux qui ont réellement besoin de l'aide. Vous pouvez être gentil avec l'un d'entre eux et cet individu manifestera sa gratitude. Quelqu'un d'autre peut répondre comme étant ingrat.

C'EST MIEUX DONNER QUE DE RECEVOIR.

Si donner est vraiment dans le meilleur intérêt de la personne, vous donnez sans prendre de crédit et sans reconnaissance. Vous portez les fardeaux les uns des autres en cours de route. Vous êtes devenu le gardien de votre frère sans aucune attente en retour. Cette personne qui a ouvert la porte est la seule à pouvoir connaître le véritable motif des dons. Si elle est vue par des gens qui passent ou est utilisée comme un agrandissement de soi, alors quel que soit l'adulation que vous recevez est votre seule récompense. L'attitude «regarde-moi» ou «vois ce que je fais» n'entraîne pas de pensées positives. Dieu sait tout, et si cela a été fait pour les autres, Dieu donne la récompense. Sinon, un mot de remerciement est tout ce que vous obtenez. La véritable gratitude vient du cœur et les lèvres servent de messager. Donner avec le cœur signifie que vous faites quelque chose de bien pour une personne dans le besoin et que cela produit des résultats positifs.

Howard a engagé un chauffeur, Mark, pour le conduire. L'homme était sans travail et Howard voulait faire quelque chose pour l'aider. Après trois épisodes de conduite imprudente mettant sa vie en danger, Howard a mis en doute les capacités de Mark en tant que conducteur.

Il s'est plaint à sa femme en disant: «Je pense que le chauffeur essaie de me tuer.» Il lui a dit qu'il allait virer Mark pour l'avoir mis en danger. Elle lui demanda instamment de donner une autre chance à Mark. Howard a décidé de donner une autre chance à Mark en tant que conducteur et lui a parlé de ses compétences de conducteur. S'exprimant, les deux parties ont eu la possibilité d'apporter des corrections à leurs pensées et à leurs actes. Ils ont convenu que Mark avait besoin d'une formation supplémentaire. Howard a donc demandé à Mark de prendre des leçons, ce qui a été bénéfique pour les deux. Mark est devenu un chauffeur estimé et un employé fidèle pendant longtemps.

Il a également été découvert que la voiture à bord de laquelle Howard était arrivé était trop petite pour le Mark aux longues jambes; elle a donc été échangée contre une plus grande avec davantage de dégagement pour les jambes, ce qui lui donnait l'espace nécessaire pour conduire en toute sécurité. Mark était reconnaissant pour le travail et a remercié Howard pour le travail et les opportunités qui s'ouvraient à lui. Il a fait plus que dire «Merci» à la manière dont il a conduit et pris soin de la voiture. Howard a également trouvé un nouveau niveau de satisfaction lorsqu'il est allé au-delà de la critique. Il s'est rendu compte que les pensées négatives entraînaient des résultats plus négatifs. Mark a pu être un chauffeur grâce à la générosité de Howard, qui a rejeté l'attitude négative pour une attitude positive.

ADAPTÉ À SON OBJECTIF:
UN APPEL POUR FAIRE UN CHOIX DÉLIBÉRÉ.

Être gentil avec les autres n'est une seconde nature pour aucun de nous. Nous sommes naturellement enclins à être égocentriques et à vouloir notre propre chemin. La gentillesse est une activité apprise. C'est un choix que nous faisons en nous basant sur une formation précoce et des expériences passées. Nous sommes prêts à faire preuve de gentillesse lorsque nous voyons un besoin. Nous faisons tous l'expérience de la véritable signification de la définition grecque de la bonté.

Être adapté à son objectif est un bon indicateur que nous faisons ce pour quoi nous avons été créés: maintenir les grâces données par Dieu qui nous ont été enseignées dans notre enfance. La gentillesse est étroitement liée à la gentillesse, mais il y a une distinction à reconnaître. Lorsque vous voyez une personne fragile et en difficulté, vous intervenez pour la soutenir un peu. Être conscient de ce qui vous entoure nous montre souvent des façons d'être gentil et doux avec les autres. Marge est un bon exemple.

Elle remarqua que le vieil homme luttait contre l'épicerie avec le sac qu'il pensait pouvoir porter à la voiture. Elle s'est très doucement approchée de lui pour ne pas l'embarrasser et lui a dit: «Laisse-moi t'aider avec ce sac lourd.» Et avant qu'il ait le temps de s'y opposer, l'acte était fait. Elle l'accompagna jusqu'à sa voiture et mit l'épicerie à l'intérieur. C'était un choix délibéré de se donner à quelqu'un d'autre parce qu'elle avait été la cible de tels actes de gentillesse.

J'attendais dans le bureau du médecin quand une mère avec deux enfants est entrée. La réceptionniste lui a donné des documents à remplir avant de voir le médecin. Il y avait une âme douce assise à proximité et a immédiatement vu le problème avec la lutte de maman pour équilibrer deux bébés et compléter les formulaires.

La femme a demandé à la mère: «Puis-je aider les enfants?» La douceur est la capacité d'être utile aux autres d'une manière qui les met à l'aise. La douceur n'est pas une attitude agressive, mais plutôt douce et courtoise. C'est une réponse à un appel à faire un choix délibéré.Il existe une relation étroite entre les caractéristiques de gentillesse, de douceur et de bonté. La bonté, cependant, naît de la gentillesse et de l'utilité. Les gens font de bonnes actions tout le temps parce qu'ils ont perfectionné leurs attitudes envers les autres. Ils se sont engagés dans leur vie à être bons envers les autres. Cette caractéristique n'est pas une donnée. Vous devez vouloir faire le bien avant de devenir bon. Cela vient d'une base spirituelle, acquise, non développée. La bonté est une qualité conférée par le surnaturel. Dieu lui-même nous le donne. Nous avons le choix de l'utiliser ou de le perdre. Vous rejoignez les rangs des agents secrets non identifiés de Dieu et faites le bien partout où vous le pouvez. Vous avez non seulement ce sentiment d'exubérance, sachant ce que vous avez fait, mais la personne à qui vous avez été bon pour recevoir la confiance qui l'incite à faire de même pour autrui. Cela crée une réaction en chaîne qui se poursuit dans les siècles. Il est formé dans la gentillesse et révèle des traits bénéfiques pour les autres. Nous nous perfectionnons dans nos attitudes, ce qui nous oblige à donner de nous-mêmes et à trouver des moyens de former quelqu'un d'autre qui a besoin d'un ascenseur spirituel. Jane était une telle personne lorsqu'elle est tombée sur un couple en pleine urgence.

Marty et Marie faisaient de la randonnée sur le sentier de la montagne quand Marie a sauté sur un rocher qui l'a déséquilibrée. Se tordant la cheville, elle tomba du sentier, descendit une pente et heurta un arbre, se cassant le bras sous le choc. Marty était tellement bouleversé qu'il ne pouvait pas penser correctement. Il a essayé d'appeler le 911 mais était hors de portée lorsque Jane et son berger allemand sont venus le long du sentier et les ont trouvés. Elle a laissé son chien avec le couple pour se réconforter et s'est dirigée vers le sentier jusqu'à ce qu'elle puisse faire appel à une aide d'urgence.

Marie a reçu les soins médicaux dont elle avait besoin et ils étaient en sécurité hors de la montagne. La bonté de Jane leur a sauvé la vie. C'est cette qualité de servir une autre personne qui a besoin d'encouragement. Oui, cela frise la gentillesse et la gentillesse, mais faire une bonne action dépasse les limites de la gentillesse et de l'utilité. C'est un acte volontaire de donner de soi par le sens naturel de faire ce qui est bien et juste!

Démontrer des actes de bonté, être doux envers les autres et répondre aux moins fortunés par la bonté de votre cœur sont autant de moyens de transmettre le merci qui se cache à l'intérieur jusqu'à ce que vous trouviez un complément au sens de ces deux mots. Vous ne pourrez peut-être pas le dire à la première personne qui a fait preuve de gentillesse pour vous aider, mais c'est un moyen d'encourager la vie de quelqu'un tout au long de votre cheminement lorsque vous vous séparez. Cela va au-delà de dire «Merci».

MAINS ET PIEDS:
QUELLE REPONSE OBTENEZ-VOUS DE VOTRE LANGAGE CORPOREL?

Lorsque vous souhaitez exprimer vos remerciements pour l'acte de gentillesse de quelqu'un, dites-le avec vos mains, vos pieds, votre cœur et surtout avec votre visage! Un sourire porte un énorme message. Notre langage corporel suscite de nombreuses réponses. Dans la communauté asiatique, j'ai observé leur habitude de s'incliner. C'est un signe de respect et de reconnaissance, vous permettant de savoir qu'ils sont conscients de votre présence et vous êtes les bienvenus. Les expressions faciales peuvent provoquer des réactions positives et négatives. Le visage de quelqu'un vous indique s'il vous voit sous un jour favorable ou s'il est mécontent de vous. Je dois remonter à un âge où ma mère me lançait un regard et je savais exactement ce qu'elle voulait dire. Elle n'a pas à parler un mot. Je ferais mieux de me mettre en forme ou j'en parlerais une fois rentré chez moi. Lorsque vous lisez le langage corporel d'une personne, vous voyez au cœur de son être. Vous remarquez la capacité qu'ils ont d'inciter les autres à se conformer à leurs attentes. Vous pensez que la personne qui reçoit votre attention tiendra compte de votre faveur, l'acceptera de bonne foi et vous montrera de la gratitude pour votre gentillesse. C'est là que «Aimer votre prochain comme vous-même» vient à jouer; traiter les autres comme vous aimeriez être traité. Penses-y. Quelle est sa puissance en pensées, en paroles et en actes? Il était très intéressant d'observer la réaction des membres de la famille qui ont vu leur père tenir la porte pour la personne dans le besoin. Quelle leçon apprise d'une tranche de vie sans le savoir. Maman a dit à son mari: «Avez-vous vu l'expression faciale de la dame quand vous lui avez tenu la porte? Elle avait un air de reconnaissance.» Les enfants, qui étaient à côté, entendaient les commentaires de maman et les gardaient dans un lieu secret, à des fins de sécurité, jusqu'à ce qu'ils les utilisent un jour. Ils suivront l'exemple de leur père et ressentiront la même satisfaction chaleureuse et intérieure. Vous avez dépassé les attentes, alors que d'autres ignorent les possibilités et ne voient pas les avantages.

Ma femme et moi attendions dans le bureau du médecin quand une mère est sortie de la salle d'examen avec une poussette et un enfant en bas âge. Un jeune garçon d'environ dix ans s'est levé et a pris en charge la porte pour aider la mère lorsqu'elle quittait le bureau. Nous avons ensuite commenté sa performance et avons pensé: Voici un exemple de bonne formation à la maison.

EFFETS SECONDAIRES:
CARACTÉRISTIQUES QUI SE COMPLÉMENTENT

Le portier des moins fortunés et des nécessiteux subit les effets secondaires d'humilité, de souffrance, de tolérance, de douceur et de maîtrise de soi. Celui qui assume ce rôle est un ambassadeur de bonne volonté. Lorsque j'ai rencontré des situations similaires, cela n'était jamais dans mon plan de la journée. J'ai vu un besoin et déterminé à aider à le résoudre. Il fallait de la patience pour permettre à quelqu'un de passer devant moi par la porte que j'allais entrer. Se tenir là, tenant la porte à la place de la personne dans le besoin, fait souvent appel à d'autres passants qui souhaitent entrer à l'intérieur. La patience est tolérante envers les autres quand vous n'êtes pas obligée. Lorsqu'une attitude négative est affichée, vous pouvez la contrer en répondant par un commentaire qui modifie l'atmosphère de la situation. Il y a ceux qui ne veulent pas que les autres se placent devant eux. Ils peuvent tenir la porte pour quelqu'un et ensuite manœuvrer leurs corps directement derrière eux pour empêcher les autres d'entrer à cause de leurs actes courtois. Ce n'est pas de la patience. Même dans ces circonstances, vous pouvez exprimer vos remerciements tout en maintenant la porte à votre place. Adoptez une attitude de service en disant: «Laissez-moi vous le dire.» Dites quelque chose qui les désarme et les met dans un meilleur état d'esprit. Ce n'est jamais un effort gaspillé. Cela vous revient de sources que vous ne verrez peut-être jamais et dont vous ne serez jamais au courant. La patience mène à la maîtrise de soi. Quand les gens s'humilient au point de préférer les autres d'abord, ils démontrent le pouvoir de la douceur, pas la faiblesse. Il y a une force intérieure qui influence en promouvant l'autre personne avant vous-même. Prendre la banquette arrière peut donner l'impression que vous ratez une occasion et que quelqu'un d'autre obtiendra la promotion ou l'objet de vente que vous vouliez.

Après de nombreuses tentatives pour avancer, j'ai appris que les quelques secondes gagnées ne sont pas à la hauteur du sentiment de satisfaction quand vous réalisez que vous avez permis à une autre personne de exceller dans son aventure. Vous ne perdez jamais lorsque vous allez au-delà des attentes de ceux qui vous entourent. Ils remarquent, et ils ajoutent de la valeur à votre vie lorsque vous ne regardez pas. C'est ce qui vous revient. Si cela vous est destiné, il vous parviendra en temps voulu. Dire merci et au-delà a tant de possibilités. Il n'est jamais suffisant de simplement dire: «Merci». Regardez autour de vous, trouvez un moyen de pénétrer au-delà et voyez quels avantages vous retirez.

En devenant un visage amical, vous héritez des caractéristiques retrouvées dans les cadeaux que le Tout-Puissant nous a donnés. Certains d'entre nous les utilisent à profusion, d'autres résistent à l'impulsion. Lorsque vous adhérez à de telles qualités, vous démontrez des principes divins qui ne passent pas inaperçus, pas seulement par Dieu, mais aussi par d'autres. Aller au-delà enseigne des leçons inavouées qui deviennent des modèles de vie, des qualités de vie et des habitudes qui exposent un sens plus profond de ce que signifie répondre à la question «Est-ce que dire merci, c'est assez?

ACTES DE BONTÉ

Comment décidez-vous quand mener un acte de gentillesse? Est-il possible de planifier votre journée en fonction de ces petits actes? Ou est-ce que de telles actions se produisent involontairement à partir d'un réservoir intérieur de bonté qui se traduit par un acte de bonté?

Il existe une longue liste d'actions considérées comme des actes de gentillesse. Cependant, je suis sûr que vous n'avez jamais pensé assez pour vous rappeler ce qu'ils étaient, ni comment ils se sont révélés être votre performance tout au long de la journée.

Je pense que les adultes ont été conditionnés à faire certaines choses qui viennent automatiquement en raison de leur formation ou de leurs expériences. Les enfants trouvent parfois des moyens de considérer un acte gentil. J'ai vu certains qui ont joué ensemble et au cours de leur jeu, un acte de gentillesse se manifeste. Prenez Susy et Betsy. Tea Party ou déguisement. L'un des deux va se montrer à la hauteur et donner des instructions à l'autre sur la façon de verser le thé ou de porter un foulard. Celle qui a reçu ces remarques bienveillantes revient avec ses propres mots de gentillesse exprimés dans sa voix, qui ne sont généralement pas entendus.

Comment expliquez-vous cette action? Plus récemment, la conversation entre deux enfants apprend à partager les jouets du coffre à jouets. Quand les deux veulent le même jouet, il semble que l'un avec la protestation la plus forte intimide l'autre et finit avec le jouet. Ces mêmes enfants grandissent en essayant d'intimider leurs parents jusqu'à ce qu'ils deviennent agressifs et qu'ils soient voués à des difficultés plus tard dans la vie. Ils n'ont jamais appris la gentillesse dans les premières années.

Les actes de bonté se font par choix. Pas par accident Lorsque vous voyez quelqu'un se débat avec le bac à papier sur la photocopieuse et que vous avancez pour apporter de l'aide, c'est un acte de gentillesse. Lorsque vous voyez une veuve endeuillée et désemparée sur la façon de gérer les affaires de son foyer sans son compagnon, une petite offre de soutien, d'assistance ou d'assistance aide à dissiper l'angoisse créée par la perte de leur partenaire conjugal depuis plus de cinquante ans.

Ces petites choses, mais qui ont germé dans un cœur de bonté qui est un sous-produit de la bonté, et qui ne peuvent être retenues, mais abandonnées.

GAGNER AVEC LA GENTILLESSE

Quel critère utilisez-vous pour mesurer la gentillesse? Quelles sont sa longueur, sa hauteur et sa profondeur? Quelle est la circonférence de la gentillesse, et jusqu'où ça va? Y a-t-il des limites à la gentillesse? Comme souvent, commettez-vous un acte de gentillesse et à qui donnez-vous ce cadeau de vous-même? Vous imposez-vous des limites ou des limites sont-elles imposées par ceux qui vous entourent? Les gens qui disent que vous n'avez pas à faire ce que vous savez ou que vous continuez ainsi et vous serez dans la pauvre maison. Est-ce leur valeur sur la gentillesse, et si oui, ce serait quoi. Substance monétaire, caractéristiques physiques ou peut-être disposition à quelqu'un, peu importe qui il est. Quelqu'un qui semble différent de vous, agit étrangement ou vient d'une culture différente. La gentillesse est-elle jugée, discriminatoire, facultative ou aléatoire, d'ou l'on vient quoi?

La gentillesse est un sous-produit de l'amour. Nous savons tous aimer. Ne mettons pas le quotient érotique dans ce mot. Bien que ce soit un acte qui découle de l'amour. Mais je pense plus aux relations que nous avons avec notre famille; frères, sœur, maman et papa. Ou des membres de la famille, nos cousins, nos tantes, nos oncles et nos grands-parents. Même nos amis; de l'école, de l'église, de la synagogue, du temple, du quartier, des dispensateurs de soins après l'école; et d'autres adultes qui sont dans votre vie comme des enseignants, des pasteurs, des entraîneurs ou des travailleurs autour de vous; au magasin, au bureau, au lieu de travail. Nous savons aimer et nous faisons l'expérience de l'amour de ces mêmes personnes.

Ce qui est mesurable, ce sont les performances, les objectifs fixés, les normes à respecter. Vous pouvez les mesurer car ils ont des limites et des limites. Vous savez quand vous avez atteint vos résultats escomptés. Avec gentillesse, il n'y a pas d'outil pour mesurer les résultats. Cela vient d'un cœur formé d'amour et de sollicitude. Vous pouvez le planifier ou le faire apparaître comme une expression involontaire.

Prenez la gentillesse offerte par Jack. Il occupait la première place dans son bureau. L'homme aux commandes des autres employés. Il s'est rendu compte que la fille qui remplissait les fonctions de secrétariat du bureau était venue travailler dans une vieille voiture. Ses vêtements étaient fanés et usés. Son déjeuner était maigre et, même si elle était nette et efficace dans son travail, il savait que sa vie à la maison était bien différente de la sienne. Il s'est adressé à l'un de ses gestionnaires et leur a dit: «J'ai entendu la secrétaire dire à des collègues qu'elle se débattait avec certaines de ses factures. Vêtements pour enfants pour l'école et de l'essence pour sa voiture. Prenez cet argent et donnez-le-lui, mais ne lui dites pas d'où il vient. Dites-lui simplement que quelqu'un a entendu dire que son enfant avait besoin de fournitures scolaires et qu'il voulait l'aider. Elle peut l'utiliser comme elle veut.

L'acte de gentillesse a été réalisé et la tristesse de sa vie a commencé à prendre une attitude de bien-être. Elle a réussi à porter de nouveaux vêtements et a expliqué à sa collègue comment elle avait réussi à amener les vêtements des enfants à l'école. Surtout des chaussures neuves et des boîtes à lunch pour eux. Elle a fait un gâteau pour la salle de pause du bureau, sans raison particulière. À la période de Noël, elle a suggéré au patron d'organiser une fête de Noël au bureau et un échange de petits cadeaux. Il a accepté facilement et des plans ont été faits.

L'acte de gentillesse de l'employé principal était-il inapproprié ou a-t-il servi à encourager quelqu'un au cours de son voyage? Et qui peut mesurer l'esprit d'encouragement expérimenté par la secrétaire. À son tour, elle a partagé son don en faisant quelque chose pour ses collègues et a démontré sa satisfaction par son attitude, sa performance et son don de soi.

Qui sait jusqu'où ira cet acte initial de gentillesse? La secrétaire a peut-être saisi l'essence de ce que signifie recevoir et devient maintenant un donateur. Y a-t-il quelqu'un d'autre qui reçoit de ces deux personnes et en fait quatre autres destinataires d'actes de bonté. Vous faites le calcul.

Vous suivez l'art de l'amour par la gentillesse et observez comment le fait d'être gagnant vous revient dans la joie que vous ressentez de ce que vous avez fait et les résultats obtenus.

Sans suivre cette voix intérieure qui parle de faire quelque chose pour quelqu'un d'autre, vous manquerez l'occasion d'être «Gagner par la gentillesse».

Consultez mon site Web: www.writingsbyralph.com et passez une commande pour Dire Merci et bien plus que ça. Dire merci est-ce suffisant?

Vous pourrez répondre à la question et trouver la bonne formule de remerciement pour vous-même.

LA GENTILLESSE:
LE LANGAGE QUE LES SOURDS PEUVENT ENTENDRE ET QUE LES AVEUGLES PEUVENT VOIR

L'exécution d'un acte de bonté vient d'une grâce intérieure, étendue à quelqu'un qui peut le moins s'y attendre. Prenons une jeune femme qui a été élevée dans une maison raffinée, où sa mère a fait preuve de courtoisie et d'inquiétude envers les invités de la maison. Les réglages de la table étaient en argent et en porcelaine fine. Comparez cela à un autre décor de maison où le raffinement était inconnu et la table était dressée avec des pièces incomparables. Quelquefois, le repas était servi à l'italienne, appelé «obtenir votre propre chemin». Lequel de ces plats voudriez-vous offrir de bonnes actions et s'étendre à un passant, handicapé ou encombré ayant besoin d'aide?

Ce pourrait être par les deux dames. Raffiné ou non, parce que la grâce intérieure est découverte, non seulement par l'exemple mais aussi par une nature intérieure qui cherche à reproduire le bien et la douceur envers quelqu'un de moins capable que lui-même. Ces caractéristiques ne se limitent pas à la reproduction ou à son absence.
Il y a des gens qui croisent nos chemins sans vie en étant plus chanceux que nous-mêmes. Par exemple. Prenons Florence aveuglée par des accidents survenus à la ferme. En effectuant des tâches agricoles, son père transportait une échelle au coin de la maison, alors que Florence venait au même coin d'une autre direction. L'échelle a frappé son œil et elle a été aveuglée. Un autre accident a emporté l'autre œil, si bien qu'à l'âge adulte, Florence était totalement aveugle. Son chien d'assistance l'a fidèlement servie, mais de nombreuses personnes se sont avancées pour ouvrir une porte ou la guider hors d'une situation dangereuse. La compassion et la grâce se manifestent chez des individus de tous les horizons. Certaines personnes ont une disposition leur permettant d'évaluer un besoin immédiat et d'intervenir pour offrir un coup de main.

Quand Florence a rencontré la bonté des autres, même si elle était aveugle, elle pouvait les voir pour ce qu'ils étaient et les remercier pour leur générosité.

Henry est né avec une déficience de l'oreille interne. N'ayant jamais la capacité d'entendre, il a été nourri et formé pour gérer la vie sans entendre. Il était instruit par de bons professeurs et par des gens soucieux de son bien-être. À l'âge adulte, il est entré dans le domaine de la finance et est devenu expert-comptable agréé (C.P.A.), et s'est exécuté de manière silencieuse et efficace. Il comprenait les mouvements de personnes aimables s'offrant à lui. Sa surdité n'interférait pas avec sa propre capacité à faire preuve de gentillesse envers les autres personnes qu'il considérait comme déficientes sous une autre forme et qui avaient besoin d'aide. Il pouvait tenir les portes, offrir un sourire, donner une poignée de main ou reconnaître quelqu'un alors qu'ils passaient devant lui alors qu'il montait la garde à la porte.

Ensuite, il y a l'histoire d'Helen Keller, aveugle et sourde, qui a appris sous la tutelle d'Ann Sullivan. Son histoire est écrite dans des livres et des articles précédents. Ses réalisations dans la vie étaient légendaires et n'ont pas besoin d'être réécrites ici, mais elle aussi a appris, bien qu'aveugle, à voir; bien que sourd, à entendre quand ces qualités de gentillesse, de générosité et de bonté lui ont été données.

Beaucoup d'autres histoires pourraient être racontées sur la gentillesse en tant que langue qui parle à tout le monde, peu importe qui on est.

DES MOYENS UNIQUES D'EXPRIMMER LA CONNAISSANCE

Recherche sur différentes façons de définir la gentillesse. Définissez d'abord les manières courantes d'exprimer la bonté, puis procédez de manière unique.

Ces deux mots portent un message profond mais souvent traité comme banal et sans importance. Certains vont jusqu'à dire que c'est inutile et superflu. J'ai vu les résultats de bonnes actions revenir à la personne qui l'a fait.
Quand un acte de gentillesse est fait, cela vaut la peine de vous remercier. La personne qui a eu la gentillesse de s'offrir à vous, non sollicitée et inattendue, mérite votre respect et votre courtoisie pour vous remercier. Ils sont reconnaissants de la reconnaissance et vous vous sentez mieux à ce sujet aussi. Il existe de nombreuses façons connues d'exprimer nos remerciements au-delà de ces deux mots simples.

Par exemple, envoyer une note, les appeler au téléphone, envoyer un courrier électronique ou envoyer un SMS au message par le biais de médias. Cela se produit lorsque vous allez au-delà et faites l'inattendu.

1. Écrire une note à la secrétaire de votre club pour avoir fait un effort particulier pour venir tôt et aider à installer la salle, quand cela n'est pas prévu. Les notes écrites doivent inclure le motif de la note. Merci pour le cadeau d'anniversaire en espèces. Il sera utilisé à bon escient, enfin peut-être la plupart d'entre elles. Quel sentiment de plaisir ressentiriez-vous si vous obteniez cette note?

2. Appelez votre ami pour qu'il reconnaisse son soutien à la table de travail lorsque vous pensiez que votre remerciement était déjà couvert lorsque vous avez quitté la salle. Recevoir cette attention supplémentaire sur un détail auquel la plupart des gens n'auraient même pas pensé, leur permet de se sentir spéciale et appréciée.

3. L'agent immobilier s'est lié d'amitié avec ses clients, parce qu'ils étaient si gentils. Lorsque l'accord a été scellé et que le nouveau propriétaire a emménagé, l'agent immobilier a envoyé une circulaire avec un mot de remerciement pour avoir fait affaire avec lui.

4. La baby-sitter a été payée pour ses services, mais un appel à sa mère pour lui exprimer son plaisir quant à la compétence et à la manière dont elle a fait son travail contribuerait grandement à encourager cette famille.

5. Le mari a placé une note de remerciement sur l'oreiller de son lit avant d'aller au travail. Ainsi, lorsque la Mme est venue pour faire le lit, elle a trouvé le mot «Je t'aime. Merci d'être toi!»

Combien de scénarios faudrait-il pour que vous capturiez les possibilités uniques? Prenons mon livre, par exemple, «Merci et au-delà»

1. Un pasteur en remet une copie aux membres du conseil de l'église.

2. Un superviseur de l'école du dimanche en remet une copie aux enseignants.

3. Un principe d'école en donne un au personnel de l'Office, y compris le concierge, même à tous les enseignants.

4. Imaginez l'impact d'une copie du livre lors d'un échange de cadeaux lors d'une fête au bureau. Avec qui et comment puis-je en obtenir un exemplaire?

5. Qu'en est-il d'apporter une copie au responsable de la station-service pour vous remercier de garder ma voiture sur la route? Oui, vous avez payé pour les réparations, mais la gentillesse influence la façon dont il prend soin de la voiture. Vous pouvez le comprendre parce qu'il y a beaucoup de façons de jouer la définition du mot gentillesse; qui dit: «C'est la qualité d'être amical, généreux et attentionné.»

LA RÈGLE D'OR

Rédigez un article sur la règle d'or qui va au-delà de traiter les autres de la façon dont vous voudriez être traités. Lorsque vous rencontrez une situation dans laquelle une personne est dans le besoin, vous ne pensez généralement pas aux retours qui pourraient vous être faits en réponse à ce besoin. Dans la plupart des cas, réagir à une personne dans le besoin est une réponse automatique. La raison pour laquelle c'est automatique, c'est que vous avez été formé par un parent ou un adulte qui vous a donné des instructions pour être gentil avec l'autre personne. Ma formation dans la marine m'a incité à penser que nous étions une équipe travaillant ensemble pour le bien commun. Vous ferez mieux de jouer en équipe, car vous avez eu la vie de vos camarades de bord, tout autant que la vôtre, dans le creux de votre main. Dans la guerre en haute mer, chaque homme cherchait des moyens de servir son prochain. Un trou dans le flanc du navire était perçu comme une menace pour votre survie et vous feriez mieux de savoir quoi faire, sinon tout le monde tomberait. Il n'y avait pas assez de temps pour que les fainéants soient entraînés lors des étapes d'urgence pour sauver le navire. Une fois de retour dans la sécurité et dans une position sécurisée, vous pouvez laisser votre esprit régler le problème. C'est vivre selon le vieil adage: «Traitez les autres comme vous voudriez qu'ils vous traitent». C'est la vieille règle d'or. Vous avez grandi avec le concept, parfois au sein de la famille, en tant que petits enfants jouant aux pieds de votre mère. Vous l'avez même appris sur le terrain de sport où vous avez soutenu vos coéquipiers dans le but de gagner le match. L'histoire a récemment fait la nouvelle d'une femme voisine qui a remarqué que le couple de personnes âgées vivant à côté semblait se débattre. Vous n'avez pas vu de lumière dans la maison et ils sont à peine sortis pour aller au magasin. Observant et cherchant un moyen de les approcher, elle frappa à la porte et leur demanda s'ils allaient bien. Y avait-il quelque chose qu'elle pourrait faire pour eux? Elle n'avait pas à demander, elle aurait pu ignorer ce qu'elle pensait.

Elle avait cette disposition innée pour faire des observations à leur sujet et s'est rendu compte que quelque chose n'allait pas. Le couple se libéra chez le voisin et lui raconta qu'il était sans électricité, à peine de quoi manger dans son armoire et qu'il n'y avait pas d'essence dans la voiture. Le voisin est allé sur Facebook pour demander des suggestions sur ce qu'il faut faire pour aider ce couple. Un politicien local a vu l'appel et a immédiatement pris contact avec elle et a commencé à prendre des dispositions pour que les agences de services sociaux locales interviennent pour sauver ce couple. Elle a agi «en traitant les autres comme vous voudriez qu'ils vous traitent». Elle ne cherchait ni l'éloge, ni la reconnaissance, mais elle voyait un besoin et a décidé de le satisfaire. Un acte de gentillesse qui lui a finalement valu un prix d'un club de service local. Ce qui en fait un reportage digne de «faire aux autres ce que vous voudriez que les autres fassent pour vous».

Éditer par: **Maple Leaf Publishing Inc.**
3rd Floor 4915 54 Street
Red Deer, Alberta T4N 2G7, Canada

N° ISBN : 978-1-77419-005-0

Dépôt légal : 06/09/2019

Traduction de l'Anglais par **Frédéric Bar**

Couverture : **Frédéric Bar**

Photo de couverture: **Shutterstock Images**

Maquette : **Frédéric Bar**

www.ingramcontent.com/pod-product-compliance
Lightning Source LLC
Chambersburg PA
CBHW062207100526
44589CB00014B/1997